Angers

Angers 14 mai 1898

CATALOGUE

DES

Tapisseries anciennes, Meubles anciens Porcelaines et Faïences anciennes Curiosités et Objets d'art

Dépendant de la succession de feu Mlle PASQUERAYE et garnissant tant son hôtel d'Angers que son château de la Villenière, commune de la Pouëze (Maine-et-Loire)

Dont la Vente aura lieu aux Enchères publiques

SAVOIR :

A ANGERS, rue du Quinconce, no 9 (Salle du Quinconce)

Les 16 et 17 mai 1898, à 1 heure

par le ministère de Me ARCHAMBAULT, commissaire-priseur à Angers

Et au château de la VILLENIÈRE

Le 18 mai 1898, à 1 heure

par le ministère de Me CHERIÈRE, notaire à Angers

Ces ventes auront lieu sous la direction de M. CAILLOT, expert à Paris, 17, rue Lafayette

---

Les Expositions publiques auront lieu les 14 et 15 mai 1898

de 1 heure à 5 heures

NOTA. — Le château de la Villenière est à 20 kil. d'Angers et 10 kil. de la gare du Lion-d'Angers, ligne d'Angers à Segré.

Pour les voitures particulières, de même que pour le transport par omnibus, s'adresser à Angers :
1o Au Grand Hôtel, place du Ralliement;
2o Au bureau de ville de la Cie des Petites Voitures, rue Saint-Maurille;
3o A M. Bourget, loueur de voitures, rue du Port-de-l'Ancre;
4o A M. Lamy, loueur de voitures, rue du Canal.

CATALOGUE

DES

Tapisseries anciennes, Meubles anciens Porcelaines et Faïences anciennes Curiosités et Objets d'art

Dépendant de la succession de feu Mlle PASQUERAYE
et garnissant tant son hôtel d'Angers
que son château de la Villenière, commune de la Pouëze
(Maine-et-Loire)

Dont la Vente aura lieu aux Enchères publiques

SAVOIR :

A ANGERS, rue du Quinconce, n° 9 (Salle du Quinconce).

Les 16 et 17 mai 1898, à 1 heure

par le ministère de Me ARCHAMBAULT, commissaire-priseur à Angers

Et au château de la VILLENIÈRE

Le 18 mai 1898, à 1 heure

par le ministère de Me CHERIÈRE, notaire à Angers

Ces ventes auront lieu sous la direction de M. CAILLOT, expert à Paris, 17, rue Lafayette

---

Les Expositions publiques auront lieu les 15 et 16 mai 1898

de 1 heure à 5 heures

NOTA. — Le château de la Villenière est à 20 kil. d'Angers et 10 kil. de la gare du Lion-d'Angers, ligne d'Angers à Segré.

Pour les voitures particulières, de même que pour le transport par omnibus, s'adresser à Angers :
1° Au Grand Hôtel, place du Ralliement;
2° Au bureau de ville de la Cie des Petites Voitures, rue Saint-Maurille;
3° A M. Bourget, loueur de voitures, rue du Port-de-l'Ancre;
4° A M. Lamy, loueur de voitures, rue du Canal.

CONDITIONS DE LA VENTE

La vente aura lieu aux conditions ordinaires des ventes mobilières et notamment aux conditions suivantes :

1. Elle sera faite au comptant.

2. Les acquéreurs paieront, en sus du prix d'adjudication, dix pour cent applicables aux frais.

3. En cas de contestation sur une enchère, l'objet en litige sera immédiatement remis en adjudication, le public assistant à la vente pouvant également enchérir.

4. Le notaire et le commissaire-priseur chargés de la vente auront la faculté de réunir et de subdiviser les lots.

5. L'exposition mettant le public à même de se rendre compte de l'état et de la nature des objets, il ne sera admis aucune réclamation une fois l'adjudication prononcée.

6. Il pourra être apporté par le commissaire-priseur ou le notaire toute modification que bon leur semblera, tant dans les détails des vacations que dans l'ordre numérique indiqué au catalogue.

7. M. CAILLOT, expert, fournira tous renseignements sur la qualité et l'authenticité des objets.

ORDRE DES VACATIONS

Lundi 16 mai (**à Angers**), tapisseries, meubles, objets divers.

Mardi 17 mai (**à Angers**), tapisseries, meubles, porcelaines, faïences.

Mercredi 18 mai (**à la Villenière**), tapisseries, meubles, porcelaines et objets divers.

Vendredi 20 mai et jours suivants, s'il y a lieu (**à Angers**), objets divers de toute nature restant à vendre, lesquels seront exposés le jeudi 19 mai.

I

DÉSIGNATION

des objets qui seront vendus à Angers

TAPISSERIES ANCIENNES

§ 1. Panneaux, portières, bordures

1 — Un panneau de tapisserie Louis XIII, des fabriques d'Aubusson, avec bordures complètes. Verdures et personnages demi-grandeur naturelle. Sujet : *Le repos de Diane.*

Largeur 4m60 ; hauteur 2m60.

2 – Un deuxième panneau de la même suite.

Larg. 3m50 ; haut. 2m60.

3 — Un troisième panneau de la même série.

Larg. 3m60 ; haut. 2m60.

4 — Un quatrième panneau de la même série.

Larg. 3m20 ; haut. 2m60.

5 — Un cinquième panneau de la même suite.

Larg. 1m20 ; haut. 2m60.

6 — Un sixième panneau semblable, avec bordures de trois côtés seulement.

Larg. 1m25 ; haut. 2m60.

7 — Un grand panneau de tapisserie d'Aubusson du XVIIe siècle : verdures, animaux, chasse et fleurs, bordures de fleurs avec cartouches.

Larg. 5m50 ; haut. 3m15.

8 — Un deuxième panneau de la même série.

Larg. 4m15 ; haut. 3m15.

9 — Un troisième panneau semblable.

Larg. 3m70 ; haut. 2m90.

10 — Un quatrième panneau de la même suite.

Larg. 3m15 ; haut. 3m10.

11 — Un cinquième panneau de la même série.

Larg. 2m65 ; haut. 3m15.

12 — Un panneau de tapisserie d'Aubusson du XVIIe siècle : verdures et animaux, bordures de fleurs.

Larg. 3m ; haut. 2m75.

13 — Panneau de tapisserie d'Aubusson du XVIIe siècle (deux personnages dans un parc), bordures de fleurs.

Larg. 3m30 ; haut. 2m90.

14 — Autre panneau de la même époque, également d'Aubusson (vase fleuri et parc), bordure incomplète.

Larg. 2^{m}40 ; haut. 2^{m}55.

15 — Portière de tapisserie semblable, avec bordures de trois côtés seulement (oiseaux et verdures).

Larg. 1^{m}50 ; haut. 3^{m}10.

16 — Un panneau en tapisserie des Flandres du XVIe siècle (animaux fantastiques et verdures), bordures sur les côtés seulement.

Larg. 2^{m}60 ; haut. 2^{m}40.

17 — Un deuxième panneau semblable.

Larg. 2^{m}75 ; haut. 2^{m}50.

18 — Un troisième panneau de la même série.

Larg. 3^{m}05 ; haut. 2^{m}55.

19 — Un magnifique panneau en tapisserie d'Aubusson du XVIIIe siècle (scène champêtre à petits personnages, d'après Huet).

Larg. 3^{m} ; haut. 2^{m}25.

20 — Un autre panneau du même genre, faisant pendant avec le précédent.

Larg. 2^{m}70 ; haut. 2^{m}25.

21 — Deux autres panneaux dans le même style que les précédents, *mais modernes*.

Larg. 2^{m}65 ; haut. 2^{m}25.

22 — Grand panneau en tapisserie d'Aubusson, à grands personnages romains.
Larg. 4^{m}80 ; haut. 2^{m}75.

23 — Un deuxième panneau de la même série.
Larg. 4^{m}20 ; haut. 2^{m}75.

24 — Un troisième panneau semblable.
Larg. 3^{m}20 ; haut. 2^{m}75.

25 — Une portière de la même suite.
Larg. 1^{m}40 ; haut. 2^{m}75.

26 — Un lot de 18 morceaux, de toutes tailles, de tapisserie d'Aubusson.

27 — Environ 30 mètres de bordures diverses en 17 morceaux.

§ 2. Tapisseries pour sièges

28 — Six tapisseries d'Aubusson Louis XVI pour fauteuils (bouquets de fleurs).

29 — Sept morceaux de tapisserie fine d'Aubusson Louis XV pour sièges, dossiers et manchettes de fauteuils (fables de La Fontaine).

30 — Tapisseries à pavots Louis XIII, d'Aubusson, pour 6 sièges et 7 dossiers.

31 — Tapisserie d'Aubusson Louis XVI pour un fauteuil (fleurs, personnages et animaux).

32 — Deux sièges et deux dossiers en Aubusson Louis XV (fables de La Fontaine).

33 — Deux sièges et deux dossiers en tapisserie fine d'Aubusson Louis XIV (pavots et tulipes sur fond bleu).

34 — Deux dossiers et un siège en Aubusson Louis XVI (oiseaux et fleurs sur fond blanc).

35 — Siège et dossier pour fauteuil en Aubusson Louis XV, fond blanc (fable de La Fontaine).

36 — Cinq dossiers, quatre sièges et manchettes de fauteuils en tapisserie au point, Louis XIV.

37 — Sièges et dossiers pour deux fauteuils en tapisserie au point, Louis XVI (fleurs et guirlandes sur fond blanc).

38 — Un lambrequin en tapisserie au point, Louis XIV.

39 — Un lot de pièces diverses dans le style des précédentes.

MEUBLES ANCIENS

§ 1. Sièges en tapisserie

40 — Un magnifique meuble de salon, recouvert de tapisseries fines d'Aubusson Louis XV, à petits personnages et animaux, composé de : un canapé, huit fauteuils, deux bergères, huit chaises, six tabourets et un écran.

41 — Deux fauteuils, tapisserie fine d'Aubusson Louis XV (fables de La Fontaine).

42 — Six autres fauteuils, tapisserie fine d'Aubusson Louis XV (petits personnages sur le dossier, animaux sur le siège).

43 — Quatre fauteuils, tapisserie fine d'Aubusson Louis XV (fables de La Fontaine).

44 — Deux autres fauteuils de même tapisserie (fables de La Fontaine également).

45 — Deux chaises allant avec les deux fauteuils qui précèdent.

§ 2. Meubles divers

46 — Un petit bahut à deux corps avec panneaux en chêne sculptés du XVIe siècle : la partie inférieure comportant deux vantaux et deux tiroirs, gueules de lion, cornes d'abondance et personnages. Chimères aux quatre angles. La partie supérieure, deux vantaux à personnages. Couronnement à personnages surmonté d'une renommée.

47 — Un buffet à deux corps en noyer sculpté du XVIe siècle, présentant, savoir : le corps inférieur, deux portes sculptées de chaque côté desquelles se trouvent des statuettes dans des niches entre colonnes torses. Tiroir entre ce corps et celui du dessus, lequel comprend deux portes retirées sous quatre colonnes torses formant arcade. Couronnement à personnages dont celui du milieu est dans une niche surmontée d'une statuette.

48 — Une crédence du xvie siècle, en chêne sculpté, sur colonnettes avec tiroir. Le corps du haut a deux portes pleines sculptées avec guirlandes de fleurs et chimères. Cariatides aux quatre angles.

49 — Une crédence Louis XIII en chêne sculpté.

50 — Un buffet Louis XIII en noyer sculpté, à deux corps.

51 — Une table-bureau Louis XIII en marqueterie.

52 — Une table en bois doré à dessus de marbre.

53 — Une table Louis XIII en marqueterie avec incrustations d'ivoire.

54 — Un lit à colonnes Louis XIII en chêne sculpté.

55 — Une petite commode Louis XV en marqueterie de bois de rose avec cuivres, à dessus de marbre.

56 — Un chiffonnier Louis XVI en bois de rose avec cuivres dorés.

57 — Deux petites tables jumelles Louis XV en marqueterie de bois de couleur.

58 — Un chiffonnier Louis XVI en marqueterie de bois de rose.

59 — Une petite armoire Louis XVI en bois de rose.

60 — Un petit bureau Louis XVI en marqueterie de bois de couleur, forme dos d'âne.

61 — Un secrétaire Louis XV en bois de rose.

62 — Une commode Louis XIV, forme tombeau, en marqueterie de bois de rose et palissandre avec bronzes dorés.

63 — Un grand chiffonnier Louis XVI en bois de rose et palissandre.

64 — Une commode Louis XV en bois de rose et palissandre à dessus de marbre.

65 — Une table de toilette Duchesse en bois de rose et palissandre.

66 — Un cabinet Louis XIII en marqueterie de bois.

67 — Une commode Louis XIV en bois de rose et palissandre avec cuivres dorés.

68 — Une table de toilette Louis XV.

69 — Une petite crédence Louis XIV en noyer.

70 — Deux petites encoignures en bois de rose à dessus de marbre.

71 — Une bergère Louis XIII en noyer sculpté.

72 — Six bois de fauteuils Louis XIV et Louis XV.

73 — Une grande console en bois doré à dessus de marbre, de l'époque de la Régence.

74 — Une autre grande console Louis XIV en bois doré à dessus de marbre.

75 — Une autre console Louis XV en bois doré.

76 — Deux petites consoles Louis XV en bois doré à dessus de marbre.

77 — Une troisième petite console Louis XV en bois doré à dessus de marbre.

§ 3. Cadres, glaces, gravures

78 — Cinq gravures dans leurs cadres, une peinture sur bois et cinq glaces avec cadres en bois doré.

79 — Trois glaces Louis XIV.

80 — Une glace Louis XIV à cadre en bois doré.

81 — Une glace Régence à cadre en bois doré.

82 — Une glace avec cadre Louis XIV en bois sculpté.

83 — Une glace Louis XV en bois doré.

84 — Un lot de cadres en bois sculpté Louis XIII, Louis XIV, Louis XV, Louis XVI.

85 — Un lot de panneaux de bois sculpté Gothiques, Louis XIII et Louis XIV.

86 — Un cadre Louis XIV en bois sculpté et ajouré.

87 — Deux vieilles portes d'armoires sculptées.

88 — Un trumeau Louis XVI avec peinture à l'huile.

89 — Une glace Louis XIV avec fronton.

90 — Une glace Louis XIV à cadre en bois sculpté et doré.

FAIENCES ET PORCELAINES ANCIENNES

§ 1. Faïence de Nevers

91 — Une petite gourde à fond gros bleu de Perse, décorée de fleurs et feuillages en blanc fixe.

92 — Deux fontaines et leurs cuvettes.

93 — Deux cache-pots dont un à pied.

94 — Quatre plats à pans coupés, dessins variés.

95 — Trois huiliers, un porte-bouquet.

96 — Six plats ronds et deux octogones.

97 — Une cuvette à anses, décor polychrome.

98 — Un plat long (arbre et oiseaux, 1787).

99 — Un lot d'assiettes et compotiers.

100 — Un autre lot d'assiettes.

101 — Un lot de moutardiers, potiches et saucières.

§ 2. Faïence de Rouen

102 — Une bannette, présentant au milieu un panier fleuri, entourée d'une guirlande de fleurs.

103 — Une autre bannette, décor polychrome à personnages chinois.

104 — Une fontaine d'angle à décor polychrome.

105 — Une bannette à bord dentelé, décorée d'une branche de fleurs au centre, entourée d'une guirlande.

§ 3. Faïence de Delft

106 — Une jolie petite bouteille à décor polychrome et doré.

107 — Deux cornets avec leur couvercle, décor bleu.

108 — Deux bouteilles, forme gourde, décor bleu à personnages chinois.

109 — Une grande bouteille, même forme, décor bleu à fleurs.

110 — Une boîte à thé à décor bleu, monture bronze.

111 — Deux potiches montées sur bronze.

112 — Un plat et un lot de 30 assiettes à décors bleus variés.

§ 4. Porcelaine de Chine

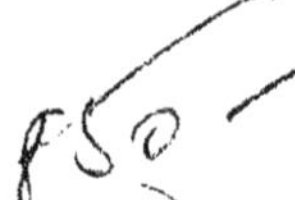

113 — Deux potiches en vieille porcelaine de Chine.

114 — Une paire de cornets montés sur bronze.

115 — Une paire de grandes potiches.

116 — Une grande coupe montée sur bronze.

117 — Un narguilhé.

118 — Un lot de tasses et de soucoupes.

119 — Un lot d'assiettes à décors bleus.

120 — Un lot de compotiers à décors variés.

121 — Un lot d'assiettes à décors fleurs rouges.

122 — Six assiettes avec bouquet au centre, guirlandes autour.

123 — Douze assiettes, décors à fleurs.

124 — Un lot d'assiettes, animaux bleus au centre et fleurs dorées sur le bord.

125 — Huit plats de formes diverses, famille verte.

126 — Un légumier à anses et son couvercle, décor polychrome.

127 — Un sucrier.

128 — Deux potiches.

129 — Deux autres potiches.

130 — Une autre paire de potiches.

131 — Un lot de tasses et soucoupes.

§ 5. Porcelaine de la Compagnie des Indes

132 — Une paire de potiches.

133 — Un lot de tasses et soucoupes.

134 — Un sucrier et une boite à thé.

135 — Quatre compotiers.

136 — Un lot de petits plats.

137 — Un plat oblong, décor à personnages.

138 — Un plat rond.

139 — Un lot d'objets divers.

§ 6. Porcelaine du Japon

140 — Une potiche.

141 — Une soupière.

142 — Un grand plat.

143 — Une soupière.

144 — Quatre burettes.

145 — Deux cornets.

146 — Un lot de tasses et de soucoupes.

147 — Deux plats.

148 — Deux potiches.

149 — Une fontaine.

150 — Deux vases.

151 — Une coupe.

152 — Une grosse potiche.

153 — Une paire de cornets montés sur bronze.

154 — Une paire de potiches à décor bleu.

155 — Une paire de jardinières.

156 — Un plat.

157 — Un lot de tasses et soucoupes.

158 — Cinq plats à décors variés.

159 — Un sucrier et son couvercle montés sur bronze.

160 — Un lot de bols, potiches et sucriers.

161 — Plusieurs lots d'assiettes (50 environ) de tous genres.

162 — Plusieurs petites potiches à décors variés.

§ 7. Faïences et porcelaines diverses

163 — Une paire de grandes corbeilles en Saxe avec fleurs de myosotis.

164 — Un sucrier et son plateau également en Saxe.

165 — Trois lots d'assiettes de Strasbourg.

166 — Une théière en porcelaine de Chantilly.

167 — Un petit plat oblong en faïence de Sceaux.

168 — Trois petites corbeilles en pâte tendre de Mennecy.

169 — Deux petits coquetiers en pâte tendre de Sèvres.

170 — Deux compotiers également en pâte tendre de Sèvres.

171 — Un plat rond en faïence italienne de Castelli.

172 — Corbeille, plateaux, assiettes en faïence de Paris, de la rue du Pont-aux-Choux.

173 — Un lot de plats et d'assiettes, idem.

174 — Deux sucriers en porcelaine dite à la Reine.

175 — Une cuvette en porcelaine de Paris.

176 — Un lot de vaisselle, idem.

177 — Un lot de manches de couteaux en porcelaine de Saint-Cloud.

178 — Un lot d'objets divers en faïence et porcelaines anciennes de toutes provenances.

§ 8. Bibelots, objets d'art

179 — Une bonbonnière en or ciselé, Louis XVI.

180 — Un verre de Bohême et son couvercle.

181 — Un mortier en métal de cloche.

182 — Un émail de Limoges,
183 — Un deuxième émail,
184 — Un troisième émail,
} sujets religieux.

185 — Une petite pendule.

186 — Un lot d'objets divers pour vitrine.

---

187 — Sous ce numéro seront vendus des objets de toute nature non catalogués.

II

DÉSIGNATION

des objets qui seront vendus au château de la Villenière

---

§ 1. TAPISSERIES ANCIENNES

1 — Un grand panneau de tapisserie d'Aubusson Louis XVI, représentant : *Le départ de l'Enfant prodigue*, bordures complètes.

Larg. 3m10 ; haut. 2m60.

2 — Un deuxième panneau de la même série (*l'Enfant prodigue recevant sa part d'héritage*), bordures complètes.

Larg. 1m70 ; haut. 2m60.

3 — Un troisième panneau de la même suite (*Un guerrier et une femme attablés*), bordures complètes.

Larg. 1m70 ; haut. 2m60.

4 — Un quatrième panneau de la même série (*Festin*, cinq personnages), bordures sur trois côtés seulement.

Larg. 1m95 ; haut. 2m60.

5 — Un cinquième panneau de la même suite avec bordures de trois côtés (*l'Enfant prodigue gardant les porcs*).
Larg. 1m60 ; haut. 2m60.

6 — Deux morceaux de la même suite avec bordure de trois côtés.
Larg. 0m95 ; haut. 2m60.

(Cette belle série de tapisseries est jolie de coloris et claire de tons.)

7 — Un grand panneau de tapisserie d'Aubusson Louis XIV (verdure et animaux), bordures complètes.
Larg. 5m35 ; haut. 2m85.

8 — Un deuxième panneau de la même suite.
Larg. 2m30 ; haut. 2m85.

9 — Un troisième panneau semblable.
Larg. 2m20 ; haut. 2m85.

10 — Un quatrième panneau de la même série.
Larg. 1m50 ; haut. 2m85.

11 — Un cinquième panneau de la même suite.
Larg. 1m25 ; haut. 2m85.

12 — Un lot de morceaux de vieilles tapisseries d'Aubusson.

13 — Un panneau de tapisserie d'Aubusson du XVIIe siècle (verdure, animaux et fleurs).
Larg. 1m90 ; haut. 3m.

14 — Une portière en tapisserie d'Aubusson de la même époque (verdure et oiseaux).

Larg. $1^{m}30$; haut. $2^{m}80$.

15 — Une autre petite portière (*Samson terrassant le lion*).

Larg. $1^{m}05$; haut. $3^{m}10$.

16 — Un panneau incomplet en Aubusson du xviie siècle (*Le roi David*).

Larg. $2^{m}55$; haut. 3^{m}.

§ 2. SIÈGES EN TAPISSERIE ANCIENNE

17 — Un mobilier de salon en tapisserie d'Aubusson du xviiie siècle, à médaillons et personnages, comprenant deux bergères et six fauteuils.

18 — Un deuxième meuble de salon en tapisserie d'Aubusson Louis XVI (personnages, animaux, fables de La Fontaine), comprenant un canapé et quatre fauteuils.

19 — Un troisième meuble de salon, bois laqué blanc et or et tapisserie au point Louis XV, comprenant un canapé, onze fauteuils, un écran et une table.

20 — Un quatrième meuble, bois naturel Louis XV, tapisserie au point.

§ 3. MEUBLES DIVERS ANCIENS

21 — Un coffre à bois gothique en bois sculpté.

22 — Une crédence en chêne sculpté du XVIe siècle.

23 — Un meuble à deux corps en chêne sculpté de la même époque.

24 — Une petite commode Louis XV en marquèterie.

25 — Une petite table toilette Louis XVI.

26 — Une commmode Louis XVI en marqueterie.

27 — Une autre commode Louis XVI en noyer.

28 — Une commode Louis XV en bois de rose et palissandre à dessus de marbre.

29 — Un lit à colonnes Louis XIII en chêne sculpté.

30 — Deux consoles Louis XV en bois sculpté et doré à dessus de marbre.

31 — Une console Louis XVI en bois doré à dessus de marbre.

32 — Une petite console du même style en acajou avec cuivres et dessus de marbre.

GLACES, CADRES, GRAVURES, OBJETS DIVERS

33 — Deux grandes glaces Louis XVI.

34 — Un lot de pièces encadrées, gravures, peintures.

35 — Deux petits dessus de porte, peints à l'huile, dans leur cadre Louis XVI.

36 — Une garniture de cheminée.

37 — Une pendule religieuse Louis XIII avec incrustations de cuivre et écaille.

38 — Une garniture de cheminée de la restauration.

39 — Une autre moins importante.

40 — Un petit coffret en cuir doré avec ferrures Louis XIII.

FAIENCES ET PORCELAINES ANCIENNES

41 — Deux cornets en ancienne faïence de Delft.

42 — Une grosse potiche de même faïence.

43 — Trois autres plus petites de même faïence.

44 — Deux autres potiches également en Delft.

45 — Deux gourdes, un porte-bouquet en faïence de Nevers.

46 — Un sucrier de même faïence.

47 — Un bain de pied en vieux Nevers.

48 — Un lot d'objets divers en Nevers.

49 — Une grosse potiche de Nevers.

50 — Diverses pièces de même faïence.

51 — Une petite jardinière et un compotier dentelé en vieille faïence de Rouen.

52 — Un lot d'objets divers de même faïence.

53 — Un grand sucrier en ancienne porcelaine de Chine.

54 — Une bouteille en même porcelaine.

55 — Un lot d'objets divers de Chine.

56 — Dix-huit pièces variées de la Compagnie des Indes.

57 — Deux petites potiches en porcelaine du Japon.

58 — Un très grand légumier en porcelaine du Japon.

59 — Deux petits cornets de même porcelaine.

60 — Une jardinière en Japon également, montée sur bronze.

61 — Un lot d'objets divers en porcelaine du Japon.

62 — Deux sucriers en porcelaine de Worcester.

63 — Deux petites corbeilles avec leurs plateaux en terre de Creil.

---

64 — Sous ce numéro seront vendus des objets de toute nature non catalogués.

Angers, imp. Germain et G. Grassin. — 567-98.

www.ingramcontent.com/pod-product-compliance
Ingram Content Group UK Ltd.
Pitfield, Milton Keynes, MK11 3LW, UK
UKHW021928190726
13853UKWH00002B/916